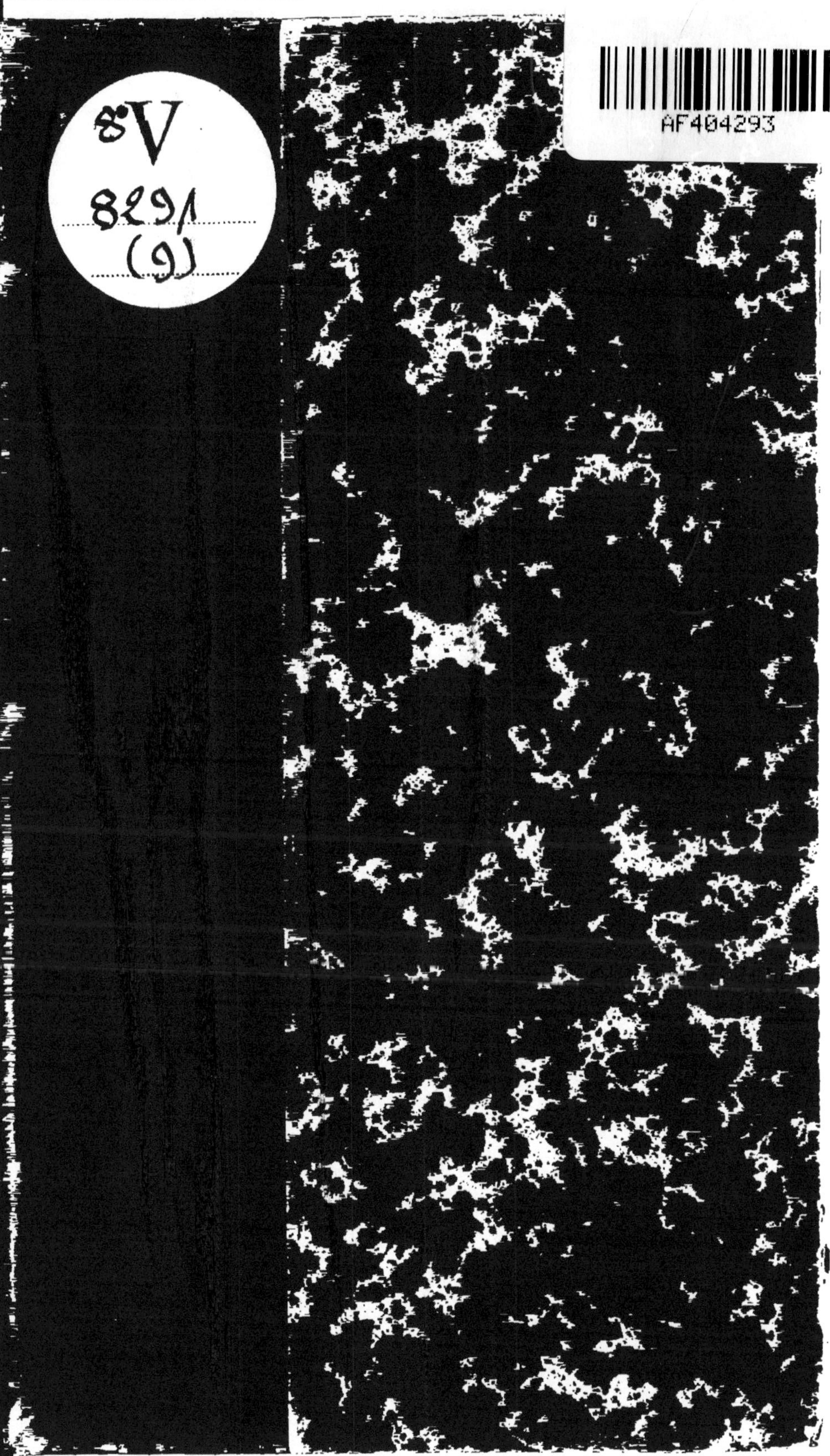

AF404293

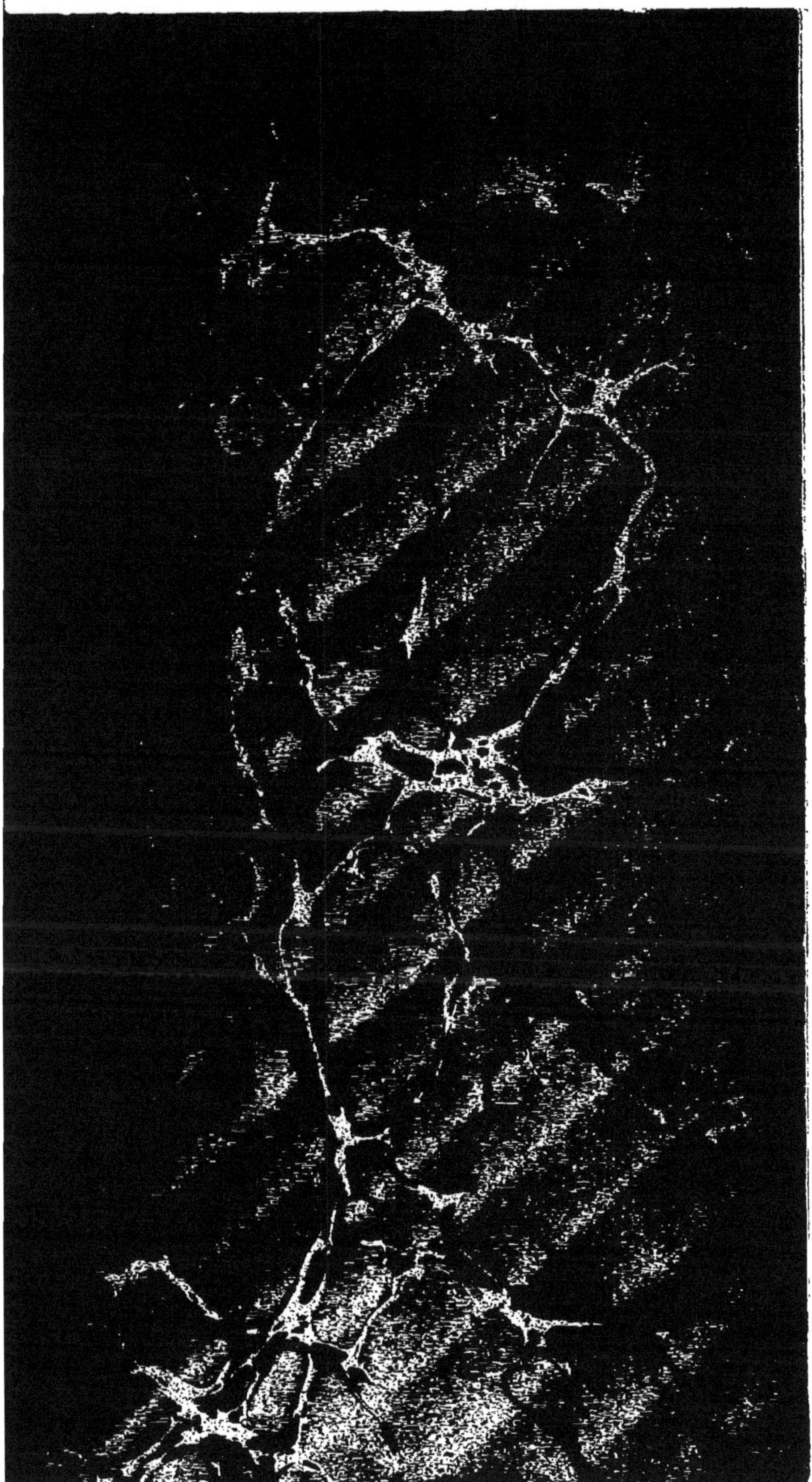

COLLECTION

DES

LIVRETS

DES

ANCIENNES EXPOSITIONS

DEPUIS 1673 JUSQU'EN 1800

SALON DE 1742

IX

PARIS

LIEPMANNSSOHN ET DUFOUR

ÉDITEURS

11, rue des Saints-Pères

—

JUIN 1869

EXPOSITION

DE 1742

IX

COLLECTION

DES

LIVRETS

DES

ANCIENNES EXPOSITIONS

DEPUIS 1673 JUSQU'EN 1800

EXPOSITION DE 1742

PARIS

LIEPMANNSSOHN ET DUFOUR

ÉDITEURS

11, rue des Saints-Pères

—

JUIN 1869

NOMBRE DU TIRAGE

DU LIVRET DE 1742.

375 exemplaires sur papier vergé.
 25   —   sur papier de Hollande.
 10   —   sur chine.

N°

Ce livret est vendu seul 2 fr. 5o.

NOTICE BIBLIOGRAPHIQUE.

Il n'existe à notre connaiſſance qu'une seule édition de 34 p. et 2 p. d'arrêt & de privilége. Le livret finit au nº 139 et l'article relatif au chevalier d'Origny commence la dernière page qui n'est pas à moitié remplie.

Critiques :

Le *Mercure de France*, numéro de septembre, p. 2054 à 2067. (Il ne contient qu'un abrégé sommaire du Livret.) Il donne quatre vers (mais de bien mauvais vers) sur le portrait de Latour par lui-même, reproche à Chardin de n'avoir pas exposé et fait mention d'une statue du Roi par Lemoyne qui ne figurait pas au Salon, mais se voyait à son atelier au faubourg Saint-Honoré. Cette statue était destinée à la ville de Bordeaux.

Lettre au sujet du portrait de Son Excellence Saïd Pacha, Ambaſſadeur extraordinaire du grand Seigneur à la cour de France en 1742, exposé au Salon du Louvre. Le prix est de 6 sols. Paris. Prault père, 1742, in-12 de 18 pages.

EXPLICATION

DES PEINTURES,

SCULPTURES,

ET AUTRES OUVRAGES

DE MESSIEURS

DE L'ACADÉMIE ROYALE;

Dont l'Expofition a été ordonnée, fuivant l'intention de SA MAJESTÉ, par M. ORRY, Miniftre d'État, Contrôleur General des Finances, Directeur General des Bâtimens, Jardins, Arts & Manufactures du Roy, & Vice-Protecteur de l'Académie ; dans le grand Salon du Louvre. Par les foins du Sieur PORTAIL, Garde des Plans & Tableaux du Roy. A commencer le jour de S. Loüis 25. Aouft 1742. pour finir le jour de S. Matthieu 21. Septembre fuivant.

A PARIS, RUE S. JACQUES

De l'Imprimerie de JACQUES COLLOMBAT, I. Imprimeur du Roy, de la Maifon de SA MAJESTÉ, & de l'Académie Royale de Peinture & de Sculpture.

M. DCC. XLII.

AVEC PRIVILÉGE DU ROY.

AVERTISSEMENT.

Comme l'Expofition fe fait dans un grand Salon quarré, & que l'on a été obligé, pour garder quelque ordre & fymétrie, de placer de côté & d'autre les Ouvrages d'un même Auteur, l'on a eu attention dans cette Defcription, de défigner la hauteur & largeur de tous les Tableaux de grandeur extraordinaire; & à l'égard des autres dont les formes font moyennes & petites, on ne pourra manquer de les reconnoître, ayant le Livre à la main, & de les trouver par le rapport des Numeros qui se trouvent sur chaque sujet de Peinture & de Sculpture.

Comme l'impression de ce petit Ouvrage ne se donnoit les années précedentes, qu'après tout l'arrangement des Tableaux, dont les Places étoient indiquées, l'on s'est apperçû que le Public s'impatientoit extrémement pendant les premiers jours qu'il attendoit cette Explication. C'est pourquoy on a jugé à propos, pour sa satisfaction, d'y énoncer des Numeros qui se rapportent exactement à chaque sujet, lesquels, sans être de suite, se pourront trouver aisément. Par ce moyen on joüira de cette Description presqu'à l'ouverture du Salon.

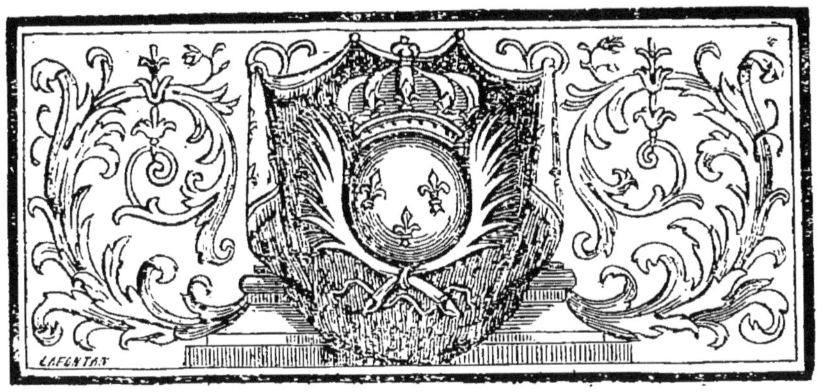

EXPLICATION

Des Peintures, Sculptures, & autres Ouvrages de Messieurs de l'Académie Royale.

LE desir de la Gloire est la source des efforts que chaque Artiste fait pour atteindre à la perfection de l'Art qu'il professe. Un principe si noble fait naître une loüable émulation, qui élève l'homme au-dessus de lui-même & luy fait trouver dans son génie des ressources qu'il n'auroit osé se promettre, & dont souvent il a l'obligation à ses Rivaux.

Comme les suffrages du Public éclairé donnent à chaque genre de travail son véritable prix, c'est de ses suffrages réünis que se forme la réputation.

Quel moyen plus juste pouvoit-on choisir pour mettre le Public en état de décider avec équité, que l'expofition des différens Ouvrages, qui font l'objet des travaux de l'Académie?

En ordonnant cette Expofition, Sa Majesté donne un témoignage glorieux à l'Académie, de fon attention à la perfection des Arts qu'Elle cultive. Quel nouveau motif pour Elle, de redoubler fes efforts pour répondre aux vûës d'un Prince dont l'approbation eft le gage le plus certain de l'immortalité! Objet qui, en faifant naître les Arts, eft leur plus flateufe récompenfe.

Par M. *Coypel*, ancien Profeffeur, Ecuyer,
Premier Peintre de Monfeigneur
le Duc d'Orléans.

1. Un Tableau en largeur de 4 pieds fur 5 de large, repréfentant Saint Jean-Baptifte prêchant dans le Defert.

Deux Tableaux en Paftel, repréfentant les Parens de l'Auteur.

2. Sçavoir, le premier, un Homme & une Femme.
3. Le fecond, trois Enfans.

Par M. *Tourniere*, ancien Profeffeur.

4. Un grand Tableau, repréfentant Ebé.

5. Autre de même grandeur, repréfentant Me de Vicman, revenant de la Chaffe.

6. Autre de même grandeur, repréfentant M. le Riche, Contrôleur General des Monnoyes de France, & Treforier General des Invalides.

7. Autre, repréfentant un Seigneur Anglois, en habit de Chinois.

8. Autre, repréfentant M. de Montluçon, Fermier General.

9. Autre, repréfentant M. de Colande.

10. Autre petit Tableau, repréfentant une Vûë de la Ville de Genéve & du Lac.

Par M. *de Troy*, Ecuyer, Chevalier de l'Ordre de S. Michel, Confeiller-Secretaire du Roy, Directeur de l'Académie de France, à Rome.

11. Un grand Tableau en largeur de 15 pieds fur 11, repréfentant la fuite de l'hiftoire d'Efther : dans le moment qu'Aman monte les degrez du Palais d'Affuerus, tout le monde fléchit le genou devant luy, à l'exception de Mardochée. Efth. liv. 7.

12. Autre de même hauteur, fur 17 de large, repréfentant Aman qui fe jette fur le lit de la Reine, la fuppliant d'obtenir fa grâce; mais Affuerus qui s'étoit retiré dans le Bois voifin, étant revenu & l'ayant furpris, entra dans une furieufe colere, & ordonna fur le champ qu'il fubit le même fupplice qu'il avoit préparé à Mardochée. Efth. liv. 7.

Par M. *Dumont le Romain*, Profeffeur de l'Académie.

13. Un Tableau de 3 pieds & demy de haut, fur 4 & demi de large, repréfentant S. Philippe qui baptife l'Eunuque de la Reine de Candace. Act. des Apôtres, chap. 8.

14. Autre, repréfentant les Pelerins d'Emaüs, imita-

tion du Rimbrandt, de 2 pieds de large, fur 2 pieds 1 pouce de haut.

15. Autre, repréfentant un Chrift.

Par M. *Carle Van-Loo*, Profeffeur.

16. Un grand Tableau en hauteur de 10 pieds fur 6 de large, repréfentant S. Pierre qui guérit le Boiteux à la Porte du Temple.

17. Autre plus petit, chantourné, repréfentant la Raifon, défignée fous la figure d'une Femme, armée d'un Cafque & d'une Epée, qui tient un Lion en leffe.

Par M. *Boucher*, Profeffeur.

18. Un petit Tableau en largeur de 2 pieds & demi fur 2 de haut, repréfentant un Repos de Diane, fortant du Bain avec une de fes Compagnes.

19. Autre, de même grandeur, repréfentant un Payfage d'après nature, des environs de Beauvais.

20. Un Efquiffe de Payfage en largeur de 3 pieds fur 2, repréfentant le Hameau d'Iffé, qui doit être executé en grand pour l'Opera.

21. Huit Efquiffes de différens fujets Chinois, pour être executez en Tapifferies à la Manufacture de Beauvais; défignez fous le même Numero

21 *bis*. Autre, repréfentant une Leda.

21 *bis*. Autre. Un Payfage de la Fable de Frere Luce.

Par M. *Natoire*, Profeffeur.

22. Un grand Tableau en hauteur de 10 pieds fur

9 de large, repréſentant un ſujet de Dom Guichotte, dans le temps qu'il eſt deshabillé par les Demoiſelles de la Ducheſſe.

23. Autre de forme chantournée, repréſentant Venus à la Fontaine.

24. Autre de même forme, repréſentant Venus à ſa Toilette.

25. Autre de differente forme, auſſi chantourné, repréſentant Daphnis & Cloé, ſujet paſtoral.

26. Autre de forme ceintrée, repréſentant Zéphire & Flore.

27. Autre, faiſant pendant, Bacchus & Arianne.

28. Autre Tableau en hauteur de 4 pieds ſur 3, repréſentant Diane au Bain, ſurpriſe par Acteon.

Par M. *Jeaurat*, Adjoint à Profeſſeur.

29. Un petit Tableau, repréſentant un Repos de Venus.

30. Autre, faiſant pendant, Venus & Adonis.

Par M. *Adam l'aîné*, Adjoint à Profeſſeur.

31. Projet & Modéle en plâtré d'un petit Groupe, repréſentant Venus dans le bain, environnée de Rochers, ſur leſquels elle eſt aſſiſe, appuyée ſur ſa Conque en forme de Char, qui ſe mire dans l'eau, tirant d'un Vaſe rempli de parfum une éponge pour luy ſervir ſortant du Bain ; les Cygnes détellez du Char ſe proménent ſur la ſurface des eaux. Cette Déeſſe eſt accompagnée de deux Amours pudiques & profanes, & de l'Hymen, lequel eſt monté ſur le Char, ſoutenant d'une

main le vêtement de la Déeffe, & de l'autre fon Bran-
don. Ces trois jeunes Dieux gardent de vûë chacun
une avenuë de ce Bain.

Cet Ouvrage doit s'executer de proportion naturelle,
pour être placé au point de vûë d'un Bofquet, où fe
terminent trois Allées à Choify.

Par M. *Oudry*, Adjoint à Profeffeur.

32. Un grand Tableau ceintré en hauteur de 7 pieds
fur 4 & demi de large, repréfentant un Chien barbet,
qui fe jette fur des Canards qu'il furprend dans des
Rofeaux auprès d'une Fontaine.

33. Autre faifant pendant, repréfentant un coin
d'Architecture, fur lequel eft pofé une Guitarre & de la
Mufique: dans le bas deux Chiens de Chaffe, un Oifeau
Royal, & un Faifan peintelé. Ces deux Tableaux font
deftinez pour la Salle à manger de M. Bernard l'aîné,
à Paris.

34. Autre Tableau en largeur de 4 pieds fur 3 de
hauteur, repréfentant un Payfage, point de vûë pris
dans la vieille Foreft de S. Germain; il y a des Vaches
& des Moutons fur le devant. Ce Tableau appartient à
l'Auteur.

35. Autre plus petit, repréfentant un Liévre & un
Gigot de mouton. Ce Tableau eft deftiné pour la Salle
à manger de M. de Vaize.

36. Autre plus petit, repréfentant des Animaux & un
vieux tronc d'Arbre.

37. Autre, repréfentant une tête bizarre d'un Cerf,
pris par le Roy dans la Foreft de Fontainebleau au
mois d'Avril dernier. Ce Tableau appartient à Sa
Majesté.

38. Autre de 3 pieds ſur 2 & demy de hauteur, repréſentant un guide Lion de la Ménagerie; peint pour le Roy.

39. Autre Tableau ceintré de 4 pieds et demi de haut, repréſentant un Liévre & un Canard acroché contre le Mur. Plus bas, ſont des Bouteilles, du Pain & du Fromage. Ce Tableau eſt deſtiné pour un deſſus de Cheminée de la Salle à manger de M. Jombert.

40. Autre petit Tableau, repréſentant un Lapin éclairé du Soleil, & une Jatte derriere; appartenant à M. de Dreux, Architecte.

41. Un devant de Cheminée, repréſentant un Chien d'après nature; un Tabouret de canne, ſur lequel eſt poſé une Muſette, des Eſtampes & des Livres. Ce Tableau appartient à M. Vatelet, Receveur General des Finances.

Par M. *Le Moyne, le fils*, Adjoint à Profeſſeur.

Trois Têtes de differens âges, en terre.

42. La plus âgée.

43. La moins.

44. La plus jeune.

44 *bis*. Un Médaillon, repréſentant le Roy.

Par M. *Deſportes*, Conſeiller de l'Académie.

45. Un grand Tableau en largeur d'environ 10 pieds ſur 8 pieds & demi de haut, repréſentant un Cerf aux abois, aſſailli par 14 ou 15 Chiens, les uns le tenant

par la gorge, d'autres par les oreilles, quelques-uns s'élançant pour y prendre part, tandis que le Cerf qui en a déjà blessé plusieurs, s'efforce encore à se défendre : le tout dans un Paysage, au sortir d'un Bois, & sur le bord d'une Riviere. Ce Tableau est retenu pour le Roy.

46. Autre d'environ 4 pieds & demi sur 3 & demi, représentant un Chien qui combat contre une Chatte renversée sur ses petits, qui ont sous eux & à l'entour quelques débris d'une Table, dont la Chatte a entraîné la nape, & une partie de ce qui étoit dessus : un Jambon dans un plat est resté sur la table.

47. Un petit Tableau d'environ 2 pieds, représentant des Perdrix rouges, & des Fruits.

48. Autre faisant pendant, représentant des Perdrix grises, & des Fruits.

48 *bis*. Autre. Un petit Barbet ayant la patte sur une Perdrix; appartenant à Madame Bellocq.

Par M. *Lancret*, Conseiller de l'Académie.

49. Un Tableau de 4 pieds sur 3 & demi de large, représentant le Sieur Grandval dans un Jardin orné de Fleurs, Vases & des Statuës de Melpomene & de Thalie.

50. Autre d'environ la même grandeur, représentant une Dame dans un Jardin, prenant du Caffé avec des Enfans.

Deux Sujets des 4. Saisons.

51. Le premier de 15 pouces de haut sur 18 de large, représentant le Printemps.

52. Le second faisant son pendant, représente l'Eté.

Par M. *Jouvenet*, Académicien.

53. Un Tableau repréfentant le Portrait de M. le Marquis de l'Aubepine, en Cuiraffe.

54. Autre, repréfentant M. Toffier, Confeiller, Auditeur des Comptes, en Robe de fatin noir.

Par M. *Courtin*, Académicien.

55. Un petit Tableau d'environ 2 pieds & demy fur 3, repréfentant le Jugement de Salomon.

Par M. *Allou*, Académicien.

56. Un Tableau repréfentant le Portrait de M. Defplais, appuyé fur un Livre du Traité du Commerce.

57. Celuy de Madame fon Epoufe, repréfentée en Efpagnolette, tenant une Lettre.

58. Autre, repréfentant Mlle. Thomaffin, femme de M. Dehayes, Comedien de la Comedie Italienne, en habit de Savoyarde, & Chapeau de paille, joüant de la Vielle.

59. Autre, repréfentant M. Gallée, tenant une Tabatiere.

60. Autre, repréfentant M. le Clerc, en habit gris.

61. Autre, repréfentant M. Suard, tenant un Deffein de Lambris.

62. Celuy de Madame fon Epoufe qui tient une Orange.

Par M. *Nattier*, Académicien.

63. Un Tableau repréfentant le Portrait de feuë Ma-

demoifelle de Clermont, Princeffe du Sang, Surintendante de la Maifon de la Reine, repréfentée en Sultane fortant du Bain, fervie par des Efclaves.

64. Autre plus grand, repréfentant le Portrait de Madame Bonier de la Moffon, revenant de la Chaffe.

Par M. *de la Joue*, Académicien.

65. Un Tableau de 4 pieds de haut fur 3 de large, repréfentant un Port de Mer, avec naufrage & agitation de fes flots.

66. Autre de 3 pieds fur 2 & demi, repréfentant un Cabinet d'Etude, Bibliotheque, & autres Attributs; une Perfonne qui travaille à son Bureau, & le Fils de l'Auteur appuyé fur un Fauteüil.

67. Autre plus petit, repréfentant un Tombeau de l'Antiquité.

68. Autre, repréfentant un fujet d'Architeĉture & de Payfage.

68 *bis.* Autre, repréfentant un Payfage architeĉture, & colonnée brifée fur le devant.

Par M. *Huilliot*, Académicien.

69. Un Tableau en hauteur de 5 pieds & demi fur 3 & demi de large, repréfentant un pied'eftal de pierre fur lequel eft pofé un Vafe d'or rempli de fleurs, & un Panier contenant des Raifins d'Italie; à côté des branches de differentes Prunes & d'Abricots; & fur le terrain plufieurs autres Fruits de diverfes efpeces. Le fond eft un Payfage.

70. Autre de même grandeur, repréfentant une

Grotte ruſtique, ſur l'appui de laquelle eſt poſé un Panier rempli d'Aſperges, à côté des Choux-fleurs, Cardons d'Eſpagne, & ſur le devant quantité d'autres Legumes.

71. Autre de même grandeur, repréſentant un retour de Chaſſe, où ſont differens Gibiers, tant en poil qu'en plume; les Armes & attirails de la Chaſſe, & un fond de Payſage.

72. Autre, repréſentant le bord d'un rivage, éclairé d'un Soleil couchant; & ſur le devant du Tableau paroît un amas de differens Poiſſons, tant de mer que d'eau douce.

Ces quatre Tableaux appartiennent à M. Denonville, Brigadier des Armées du Roy.

Par M. *Geuſlain*, Académicien.

73. Un Tableau repréſentant le Portrait de M. Duché, ancien Officier de Marine, en Cuiraſſe.

74. Autre, repréſentant l'épouſe de M. Bourdelin, ancien Doyen de la Faculté de Medecine de Paris, appuyée ſur un Livre de Muſique.

75. Le Portrait de Mademoiſelle Grandval, Comedienne de la Comedie Françoiſe, repréſentée en Nayade.

Par M. le Chevalier *Servandoni*, Académicien.

76. Un grand Tableau de 9 pieds en quarré, repréſentant des vûës d'anciens Edifices, une Piramide, & dans le fond un Temple; quelques Figures ſur le devant.

77. Autre de même grandeur repréfentant des ruines, & un refte d'Architecture, fous lequel paroît un Vafe antique; des Figures & Animaux fur le devant.

78. Autre en hauteur de 8 pieds fur 4 & demi de large, repréfentant des reftes d'anciens Edifices, & des Figures fur le devant.

79. Autre de pareille forme & grandeur, repréfentant le même fujet.

Par M. *de Grevenbrock*, Académicien.

80. Un Tableau en largeur de 4 pieds fur 3, repréfentant une vûë d'Italie, un Pont de bois, & des Cavaliers.

81. Autre de même grandeur, repréfentant une chûte d'eau, & dans le fond du Payfage, un Pont de pierre.

82. Autre de même grandeur, repréfentant une Fortereffe, & fur le devant des Gens qui viennent de la Pêche fous un Pont de Planches.

83. Autre de même grandeur, repréfentant un Payfage, & vûë d'Italie, des Bergers & Animaux fur un Pont de brique.

84. Autre petit Payfage en largeur de 2 pieds, peint fur cuivre, repréfentant un Château moderne au bord de l'eau, & une Fête.

85. Autre de même grandeur, repréfentant une Marine.

Par M. *Tocqué*, Académicien.

86. Un grand Portrait jufqu'aux genoüils, repré-

fentant M. Bouret affis dans fon Cabinet, tenant une Lettre.

87. Autre, repréfentant M. l'Abbé Desfontaines, tenant une feüille des Obfervations fur les Ecrits modernes.

88. Autre, repréfentant Madame Denis étant à fa Toilette.

89. Autre, repréfentant Madame Dibon, prenant du Caffé.

90. Autre, repréfentant Madame de Fumeron, en Mufe, avec les attributs de la Mufique.

Par M. *Francifque*, Académicien.

91. Un Tableau, repréfentant une Vierge.

92. Autre, repréfentant un Payfage, orné de Figures fur le devant.

93. Autre Payfage, avec des Figures & des Moutons.

94. Autre, repréfentant un Soleil couchant, où paroît un Pont, & des Figures.

95. Autre, repréfentant un Rocher percé, orné de Figures.

96. Autre Payfage, où font deux Figures affifes dans un chemin.

Par M. *Delobel*, Académicien.

97. Un grand Tableau eu largeur de plus de fept pieds fur 5, repréfentant l'Age d'or, avec des changemens; appartenans à M. Gabriel, Premier Architecte du Roy.

Par M. *Aved*, Académicien.

98. Le Portrait en pied de Son Excellence Said Pa-

cha Beglierbey de Roumely, Ambaffadeur Extraordinaire du Grand Seigneur, entouré de tous les attributs, qui défignent particulierement fes connoiffances,
comme Sphere, Carte géographique, Traité de Paix,
& d'un Athlas, premier Livre imprimé par fes foins
à Conftantinople. On voit fur le devant du Tableau
les Lettres de Croyance, furmontées du Sceau de l'Em-
pire, renfermé fous une Plaque de vermeil. Le fond
repréfente une vûë de Paris, & le commencement de
fon Entrée.

99. Le Portrait de Monfieur le Préfident de
Maigniere.

Par M. *Du Mons*, Académicien.

100. Un grand Tableau en hauteur de 10 pieds fur
6 de large, repréfentant la Réfurrection de Notre Seigneur, deftiné pour *(sic.)*

Par M. *Lamy*, Académicien.

101. Un grand Tableau en hauteur de 5 pieds fur 4,
dont voicy le fujet.

L'Aurore que les Payens croyent Sœur du Soleil &
de la Lune, étoit felon les uns fille d'Hiperion & de
Thia, & felon d'autres, de Titan & de la Terre. Elle
fe levoit avant le jour pour annoncer la venuë du
Soleil; ou bien, parce qu'elle ne fe plaifoit pas avec
Titon fon mary. *Orpheus in hymn.*

Comme cette clarté qui précede le lever du Soleil,
paroît d'une couleur rouge, les Poëtes ont feint que
l'Aurore avoit le vifage rouge, & les doigts de Rofe.
Homerus in hymn.

Elle eſt repréſentée icy annonçant la venuë du Soleil à un Triton Dieu de la Mer.

Par M. *Boiſot*, Académicien.

102. Un Tableau en largeur de 5 pieds ſur 4, repré-ſentant Renaud & Armide dans les plaiſirs.

Par M. *Poitreau*, Académicien.

103. Un Tableau repréſentant un Payſage, éclairé d'un Soleil levant, où paroît un Moulin, & ſur le de-vant un retour de Pelerinage.

104. Son Pendant, un Soleil couchant, & ſur le de-vant des Figures & des Animaux.

105. Un petit Tableau, repréſentant Mademoiſelle George l'aînée.

Par M. *Châtelain*, Académicien, & Inſpeĉleur de la Manufaĉture Royale des Gobelins.

106. Un Payſage repréſentant une vûë des environs de Paris du côté de Longjumeau, éclairé d'un Soleil levant.

107. Autre faiſant pendant, repréſentant un Soleil couchant.

108. Autre petit Payſage, repréſentant une vûë d'après nature.

109. Autre de même grandeur, faiſant appercevoir un coup de tonnerre qui briſe un Arbre.

Par M. *Vinache*, Académicien.

110. Un Efquiffe de terre cuite, repréfentant l'Amour piqué d'une Abeille. Tiré d'Anacréon.

111. Un Modéle de terre de proportion de demi nature, repréfentant l'Etude. La place eft difpofée pour y ajoûter les attributs qui y manquent, & qui feront feparez de la figure, qui doit être placée dans le Cabinet de M. Sidobe Medecin du Roy.

112. Un Groupe Efquiffe de terre cuite, repréfentant Diane au bain, accompagnée d'une Nymphe.

113. Autre Efquiffe de terre cuite, repréfentant Diane à la Chaffe. Elle eft executée en pierre de la proportion de 6 pieds pour la Gallerie de M. Bontems, Premier Valet de Chambre du Roy, Gouverneur du Palais & Jardin des Thuilleries, & Capitaine des Chaffes de Sa Majefté.

Par M. *Nonnotte*, Académicien.

114. Un Tableau repréfentant le Portrait de M. Fremin, Ecuyer-Confeiller Secretaire du Roy, Premier Sculpteur du Roy d'Efpagne, & Directeur de l'Académie Royale de Peinture & de Sculpture.

115. Autre, repréfentant M. de L*** avec une Bergere, dont le fujet eft tiré d'un couplet écrit & noté dans le Tableau.

116. Autre, repréfentant Mademoifelle Rabon, en habit de Bal.

117. Le Portrait de Mademoifelle Le ***, repréfentée en Herigone.

Par M. *De la Datte*, Académicien.

118. Un Modéle d'Autel compofé de deux Groupes

de Figures, & d'un bas relief au milieu, le tout couronné d'une Gloire.

Le premier Groupe repréfente la Religion tenant une Croix, à côté eft un Cherubin qui lance la foudre contre l'Herefie, que la Religion foule aux pieds.

Le fecond eft un Ange repréfentant l'Amour divin, qui tient d'une main un Calice, & un Cœur enflâmé de l'autre; cet Ange porte fur fa poitrine le S. nom de Jefus; il eft accompagné d'un Cherubin qui a vaincu l'amour du monde, & le tient fous fes pieds.

Le bas relief repréfente le Roy Clovis & la Reine Clotilde. Clovis reconnoiffant du fecours miraculeux qu'il venoit d'éprouver à la Bataille de Tolbiac, execute la promeffe qu'il avoit faite à la Reine fon époufe de fe faire Chrétien, & il prie S. Remy, Archevêque de Rheims, de l'inftruire de la Religion de Clotilde, qui demande à ce faint Prélat la même grace pour le Prince fon Epoux.

Au milieu de la Gloire eft une Colombe qui apporte la fainte Ampoule, pour rappeller le miracle qui fe fit au baptême de ce Prince.

119. Un Modéle en terre cuite, de Fontaine, où l'on voit une Figure qui repréfente la Terre, et qui demande du fecours à une autre Figure qui repréfente l'Eau.

120. Autre Modéle en terre cuite, repréfentant une Femme expofée dans un Navire démâté & fans voile, qui touche au moment de perir avec toutes fes richeffes.

121. Autre Modéle de même, repréfentant l'Abondance, qui a auprès d'Elle un Amour qui diftribuë les richeffes.

Par M. *Pierre*, Académicien.

Sacrifice d'Elie. Chap. 18. du 3. liv. des Rois.

122. Un Tableau de 5 pieds & demi fur 4.

Elie dit aux Prophetes de Baal, choififfez un Bœuf pour vous, & commencez les premiers à facrifier, parce que vous êtes en plus grand nombre, & invoquez le nom de vos Dieux, fans mettre le feu au bois. Ayant donc pris un Bœuf qui leur fut donné, ils invoquerent le nom de leur Dieu Baal depuis le matin jufqu'à midi; mais Baal ne difoit mot. Il prit douze pierres, felon le nombre des Tribus des enfans de Jacob; il bâtit de ces pierres un Autel au Seigneur, prépara le bois, & prit le Bœuf qu'il mit fur le bois, après avoir fait répandre par trois fois de l'eau fur l'Autel.

Sujet du Tableau.

Elie s'approcha, fit fa priere, en même temps le feu du Seigneur tomba, & devora l'holocaufte, le bois, les pierres, la pouffiere même, & l'eau qui étoit autour de l'Autel.

123. L'Enlevement de Cephale par l'Aurore, de 6 pieds de haut fur 4.

Cum me Cornigeris tendentem retia cervis,
Vertice de summo femper florentis Himetti
Lutea mane videt pulfis Aurora tenebris :
Invitumque rapit.
Ovid. Metamorph. I. VII.

124. Autre en hauteur de 7 pieds fur 5, repréfentant la naiffance de Venus.

OUVRAGES AU BURIN

de Messieurs les Graveurs de l'Académie.

Par M. *Tardieu*, Académicien.

Deux Sujets de l'Hiftoire de l'Empereur Conftantin, qui feront inceffamment fuivis de trois autres, qui font partie d'une fuite de douze fujets de l'Hiftoire de ce Prince, peinte par *Rubens*, dont les Tableaux font dans le Cabinet de Monfeigneur le Duc d'Orléans.

I. Sujet. La Croix qui apparoît dans le Ciel à l'Empereur, lorfqu'il fe préparoit à déclarer la guerre au Tyran Maxence.

II. Sujet. Le Baptême de Conftantin.

Par M. *de Larmeffin*, Académicien.

Trois-Sujets gravez.

Le Calendrier des Vieillards, d'après M. *Boucher*.

Les Remords, d'après M. *Lancret*.

On ne s'avife jamais de tout, d'après le même.

Par M. *Surugue*, *le pere*, Académicien.

Un Sujet gravé, repréfentant l'amour de la Chaffe, figúrée par des Enfans qui chaffent un Cerf, & d'autres qui préparent des filets, d'après M. *Jeaurat*.

Autre, repréfentant Venus qui donne à têter à un Amour nouveau né; deux autres veulent l'arracher du fein de fa mere. D'après un Deffein de *Rubens*, par lequel il a voulu repréfenter que le nouvel Amant eft toujours le plus favorifé au préjudice des anciens.

IX.   3*

Par M. *Moyreau*, Académicien.

Trois Sujets d'après *Wouvermans*.

L'Academie du Manége.

Le Défilé d'Equipage.

Le Marchand de Foin.

Par M. *Daullé*, Académicien.

Trois Sujets gravez.

Claude Deshais Gendron, Docteur, Medecin de la Faculté de Montpellier. D'après M. *Rigaud*.

Catherine Mignard Comteſſe de Feuquieres, tenant le Portrait de ſon Pere, peint par lui-même.

Hiacinthe Rigaud, Ecuyer, Chevalier de l'Ordre de S. Michel, ancien Directeur, & Recteur de l'Academie Royale de Peinture & de Sculpture, avec ſon Epouſe, peint par lui-même.

OUVRAGES DE MESSIEURS

les Agreez de l'Académie.

Par M. *Adam, le Cadet.*

125. Un Modéle en plâtre, repréſentant la ſainte Vierge, figurée ſous la ſeconde Eve.

La Vierge tenant le Serpent terraſſé ſur le Globe, le Sauveur qui, par Elle eſt venu au monde, appuyé d'un pied ſur celuy de ſa ſainte Mere, perce avec la lance de ſa Croix la tête du Serpent, & donne à la Vierge la pomme fatale qui a fait entrer la Mort dans le monde. Cette pomme arrachée au Serpent féduĉteur, annonce au genre humain le falut & la vie : mais la Vierge qui d'un côté la reçoit comme médiatrice, montre de l'autre en même temps que l'on n'y peut arriver que par la Croix de fon Fils.

126. Modéle en plâtre d'un Crucifix, repréfentant le Chrift baiffant la tête, & rendant l'efprit.

Par M. *Le Bas.*

Cinq Sujets gravez.

Le Negligé, ou Toilette du matin. D'après M. *Chardin.*

Halte de Cavalerie. D'après *Wouvermans.*

Départ de Chaffe. D'après *Wanfalens.*

Le Midi de Berghem, dédié à M. le Baron de Thiers.

L'après-dîné de Berghem, dédié au même.

Par M. *de la Tour.*

127. Le Portrait de Madame la Préfidente de Rieux, en habit de Bal, tenant un Mafque.

128. Celuy de Mademoifelle Salé, habillée comme elle eft chez elle.

129. Celuy de M. l'Abbé *** affis fur le bras d'un Fauteüil, lifant à la lumiere un in folio.

130. Celuy de M. du Mont le Romain, Profeffeur de l'Académie Royale de Peinture & de Sculpture, joüant de la Guitarre.

131. Un petit Bufte de l'Auteur, ayant le bord de fon Chapeau rabatu.

Par M. *Cochin*, *le fils*, Graveur.

Un . Deffein repréfentant la pompe funebre érigée dans l'Eglife Cathedrale de Notre-Dame de Paris, le 22 Septembre 1741, à l'occafion du decès de la Reine de Sardaigne.

Cette pompe ordonnée par M. le Duc de Roche-choüart, Premier Gentilhomme de la Chambre du Roy, a été compofée & conduite par M. de Bonneval, Intendant & Contrôleur general de l'Argenterie, Menus Plaifirs & Affaires de la Chambre de Sa Majefté.

Deffein allegorique, qui repréfente la lumiere du Meffie qui penetre les Mages de l'ancienne Loy, & fe fait connoître aux Prophetes & aux Patriarches.

Autre Deffein, où l'on voit Mars qui reçoit de la Géometrie des Leçons pour fe conduire dans les travaux de la Guerre.

Six petits Deffeins pour le Lutrin de Boileau.

Chant I. La Difcorde fous la figure d'un vieux Chantre, éveille le Prélat, & luy reproche fon indolence.

Chant II. La Nuit annonce à la molleffe étenduë dans les bras du fommeil, la divifion & le trouble qui va s'élever dans l'Eglife.

Chant III. Le Sacriftain, le Porte-Croix, & le Perruquier étant venus de nuit pour rétablir le Lutrin, font effrayez, & fuyent à la vûë d'un Hibou : la Difcorde, fous la figure de Sidrac, leur reproche leur lâcheté & les rallie.

Chant IV. Le Grand Chantre & les Chanoines fe jettent fur le Lutrin & le mettent en pieces.

Chant V. Rencontre du Prélat & du Grand Chantre;

bataille des Livres fur le Perron de la Sainte Chapelle : le Prélat met en fuite le Chantre & les Chanoines, en leur donnant fa benediction.

Chant VI. La Pieté accompagnée de la Foy, l'Efperance & la Charité, vient fe plaindre à la Juftice du défordre que la Difcorde caufe dans l'Eglife.

Un petit Deffein où eft écrit au bas, Le Medecin obfervateur. On y voit un jeune Medecin qui tâte le pouls à une Dame malade.

Neuf petits Sujets tirez de Virgile.

Georgiques, liv. II. Un Laboureur à Table avec toute fa Famille, repréfente la douceur de la vie champêtre.

Æneïde, liv. I. Ænée fort de la nuée qui l'environnoit, et fe fait connoître à Didon.

Æneïde, liv. II. Laocoon, Prêtre de Neptune & fes Fils, font tuez par deux Serpens d'une grandeur extraordinaire.

Æneïde, liv. III. Ænée ordonne à fa Troupe de prendre les armes pour chaffer les Harpies qui venoient troubler leur repas.

Æneïde, liv. IV. Mort de Didon.

Æneïde, liv. VII. Afcagne & quelques Troyens ayant bleffé à la chaffe un Cerf appartenant à la Sœur du gardien des troupeaux du Roy Latynus, la Difcorde excite les Payfans à prendre les armes pour venger fa mort.

Æneïde, liv. IX. Nifus & Euryale, deux Amis intimes, après avoir traverfé le camp des Latins, & y avoir fait un grand carnage, furent découverts par un parti de Cavalerie, qui les obligea à prendre la fuïte vers un Bois : Euryale fut atteint en fuyant, & fait prifonnier : Nifus appercevant fon Amy entre les mains des Ennemis, fe cacha dans le Bois, & lança quelques dards dont il tua plufieurs Soldats : le Chef de la Troupe, furieux de la mort de fes Gens, fe jette fur Euryale pour le tuer; alors Nifus fe montre, & veut en vain détourner fur luy-même le coup qui menace fon Amy.

Æneïde, liv. X. Ænée ayant bleffé le Roy Mezence, eft prêt à le tuer; Laufus, fils de Mezence, couvre fon pere avec fon Bouclier, & s'oppofe à la colere d'Ænée.

Æneïde, liv. XI. Pallas, fils d'Evandre, ayant été tué dans un combat, Ænée luy renvoye fon corps : ce Pere vient au devant, & eft faifi de douleur à la vûë d'un fi trifte fpectacle.

Par M. *Slodtʒ*.

132. Un Modéle en plâtre, d'un Ange que l'on execute en bronze, de la proportion de 6 pieds, pour le Maître Autel de Sens.

133. Autre Modéle en plâtre, repréfentant l'Affomption de la Vierge, qui doit être executée en argent, pour le Couvent de la Fléche.

Par M. *Lanfant*.

134. Un Tableau repréfentant un Payfage.

135. Autre faifant pendant, repréfentant de même un Payfage.

Par M. *Surugue, fils*.

Un Sujet gravé, repréfentant le Jugement de Pâris, d'après un Tableau du *Goltʒius*.

Autre Sujet, repréfentant l'Amour du Vin, figuré par des Enfans qui boivent de diverfes manieres, & marquent leur paffion pour le vin. D'après M. *Jeaurat*.

Par M. *Pigalle*.

136. Un Modéle en plâtre, repréfentant Venus qui ordonne un meffage à Mercure.

137. Son pendant. Mercure qui fe difpofe à faire le meffage qui luy eft ordonné.

Par M. *Schmidt*.

Le Portrait gravé de M. l'Archevêque de Cambray. D'après M. *Rigaud*.

Celuy de M. le Comte d'Evreux. D'après le même.

ADDITION.

Par M. *Huilliot*, Académicien.

138. Un Tableau en largeur de 5 pieds fur 4, repréfentant les Arts.

L'Agriculture par un Vafe de Fleurs & Fruits, pofé fur une table de Porphire.

Le Deffein, par un Singe en attitude de deffiner.

La Peinture, par une Palette garnie; l'on voit plus loin un Mafque, fymbole de l'imitation.

La Sculpture, par une Figure de bronze, de Pallas Déeffe des Arts.

L'Arithmetique, par un Livre ouvert, où font plufieurs regles qui préparent aux Mathematiques, & ou-
vrent le chemin à la Geometrie, défignée par un Globe,
& Compas de proportion.

La Mufique, par une Flute traverfiere, pofée fur un
Livre noté.

L'Architecture, par un Plan de Bâtimens. Ce Tableau
appartient à M. le Grou..

Par M. le Chevalier *d'Origny*, Académicien.

139. Un Tableau en hauteur de 5 pieds & demi
fur 4 & demi, repréfentant un Chrift mort, foutenu
par Jofeph d'Arimathie, accompagné de la Sainte
Vierge, des trois Maries, & de S. Jean l'Evan-
gelifte.

Le tout rédigé & mis en ordre par les foins de
J. B. REYDELLET, Receveur & Concierge
de l'Académie.

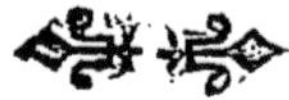

Nogent-le-Rotrou, Imprimerie de A. Gouverneur.

CONDITIONS DE LA SOUSCRIPTION

A LA

RÉIMPRESSION DES ANCIENS LIVRETS

———

Chaque volume sera livré aux souscripteurs moyennant le prix :

De 1 fr. 25 sur papier vergé;

De 2 fr. 50 sur papier de Hollande;

De 3 fr. sur papier de chine.

Les souscripteurs de Paris recevront les volumes à domicile. Ceux de province ou de l'étranger pourront se les faire envoyer en payant en surplus les frais de poste, s'ils ne préfèrent les faire réclamer aux bureaux de souscription.

On souscrit :

Chez : MM. Liepmannssohn et Dufour, libraires, 11, rue des Saints-Pères;

M. Dumoulin, libraire, 13, quai des Augustins;

A la *Librairie des Auteurs et de l'Académie des Bibliophiles*, 10, rue de la Bourse;

Aux bureaux de la *Gazette des Beaux-Arts*, 55, rue Vivienne.

———

Nogent-le-Rotrou, imprimerie de A. Gouverneur.

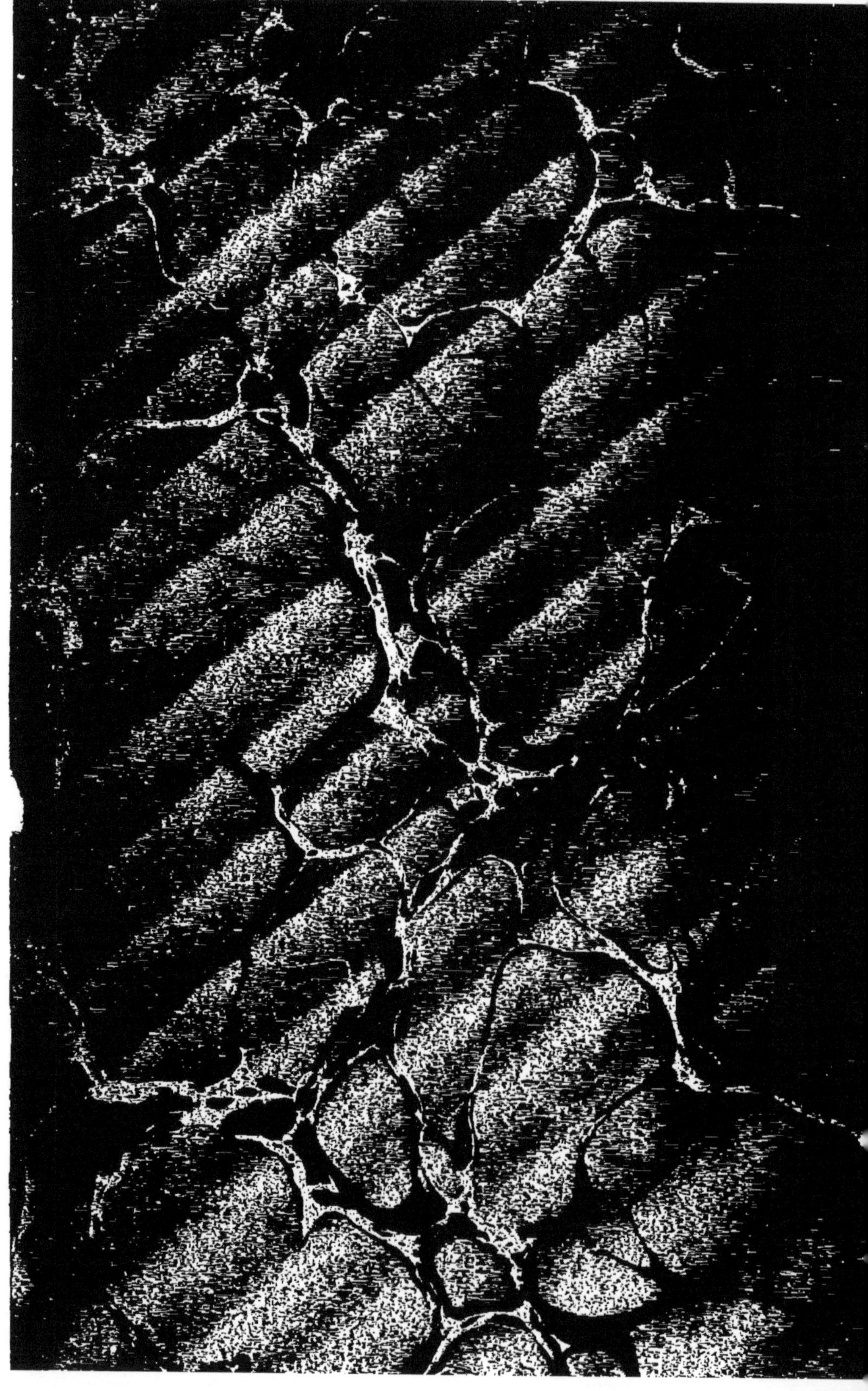

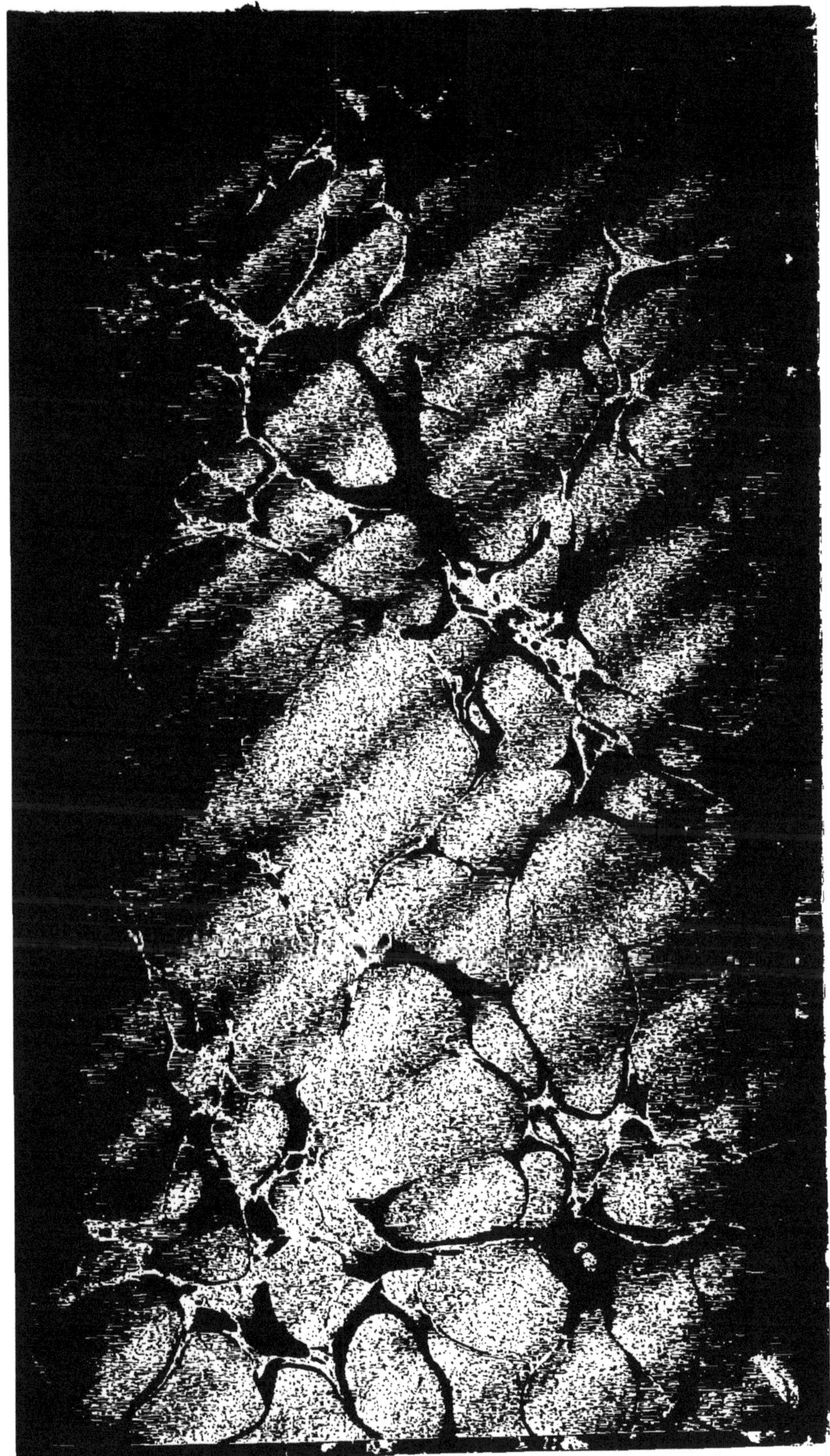